# Detectives de naufragios

## Planos de coordenadas

**Julia Wall**

## Créditos de publicación

**Editora**
Sara Johnson

**Directora editorial**
Dona Herweck Rice

**Editora en jefe**
Sharon Coan, M.S.Ed.

**Directora creativa**
Lee Aucoin

**Editora comercial**
Rachelle Cracchiolo, M.S.Ed.

## Créditos de imagen

La autora y los editores desean agradecer y reconocer a quienes otorgaron su permiso para la reproducción de materiales protegidos por derechos de autor: portada, Istock Photos; pág. 1 Istock Photos; pág. 4 Corbis; pág. 5 Alamy (abajo), Deep Ocean Expeditions (arriba); pág. 7 NOAA (abajo), Rijks Museum (arriba); págs. 8–9 Istock Photos; pág. 10 Corbis; pág. 11 Shutterstock; pág. 12 Corbis; pág. 13 Corbis; pág. 14 Corbis; pág. 15 AAP Images; págs. 16–18 NOAA; pág. 19 Istock Photos; pág. 20 Corbis; pág. 21 NOAA; pág. 22 Corbis; págs. 24-26 Corbis; pág. 27 Shutterstock.

Diagramas de Miranda Costa

Si bien se ha hecho todo lo posible para buscar la fuente y reconocer el material protegido por derechos de autor, los editores ofrecen disculpas por cualquier incumplimiento accidental en los casos en que el derecho de autor haya sido imposible de encontrar. Estarán complacidos de llegar a un acuerdo idóneo con el propietario legítimo en cada caso.

## Teacher Created Materials

5301 Oceanus Drive
Huntington Beach, CA 92649-1030
http://www.tcmpub.com
ISBN 978-1-4938-2949-1

# Contenido

# Museos subacuáticos

¿Te parece emocionante la búsqueda de tesoros? Quizás te gustaría ser un detective de naufragios. Los detectives de naufragios se llaman **arqueólogos marinos**. Exploran, localizan e investigan buques naufragados en todo el mundo. Estudian los restos de los naufragios para averiguar las historias que se esconden detrás de los barcos hundidos.

Un arqueólogo marino explora un buque naufragado.

El naufragio del *Bismarck*

Los arqueólogos marinos usan información del pasado y la tecnología moderna para encontrar la ubicación de un buque naufragado. Luego, la registran en un mapa.

El Dr. Robert Ballard es un famoso detective de naufragios. En 1989, el Dr. Ballard descubrió el buque naufragado *Bismarck*, un famoso acorazado alemán. Dice que hay más historia en los buques naufragados ubicados en el suelo oceánico que en todos los museos del mundo.

## El *Bismarck*

El *Bismarck* fue hundido en 1941, durante la Segunda Guerra Mundial. Más de 2,000 marineros murieron cuando el barco se hundió.

# Debajo de la superficie

Hay miles de buques naufragados que descansan en el suelo oceánico. Muchos han estado ocultos en la profundidad del océano durante cientos de años. Con la tecnología moderna, se están descubriendo más buques naufragados que nunca antes.

## EXPLOREMOS LAS MATEMÁTICAS

Usar un **plano de coordenadas** es similar a usar un mapa. Las **coordenadas** son una buena manera de encontrar lugares. Hacen referencia a la **intersección** de las líneas en los planos de coordenadas.

Este plano de coordenadas muestra la ubicación de buques naufragados en el océano. Usa las siguientes coordenadas para encontrar cada barco naufragado y escribe su nombre. *Pista*: Las coordenadas siempre se leen a lo largo y luego, hacia arriba o abajo.

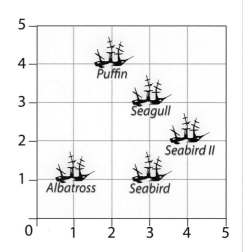

**a.** (1, 1)   **c.** (3, 3)   **e.** (4, 2)

**b.** (2, 4)   **d.** (3, 1)

En el pasado, la mayoría de los barcos estaban hechos de madera y podían hundirse por muchos motivos. Pudieron haberse incendiado o chocado contra icebergs. Pudieron haber quedado atrapados en tormentas o haber sido atacados por piratas. Pudieron haberse hundido durante guerras. En la actualidad, los arqueólogos marinos tratan de conocer cómo y por qué se hundieron los barcos.

## Protección del océano

Los arqueólogos marinos suelen examinar los naufragios debajo del agua. Los buques naufragados pueden **desintegrarse** cuando se sacan del agua. Por eso, se suelen dejar en el suelo del océano. El agua fría ayuda a **preservarlos**.

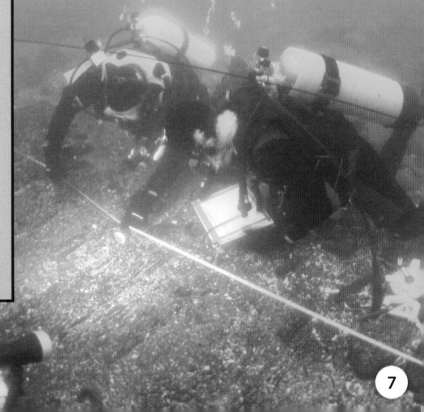

# Detección de naufragios

Los naufragios suelen ocurrir cerca de la tierra, alrededor de islas o rocas. Para encontrar un buque naufragado, los arqueólogos marinos necesitan saber en qué dirección se dirigía el barco. También necesitan saber qué tan lejos de la tierra estaba cuando se hundió.

La investigación suele comenzar en la biblioteca. Los arqueólogos marinos buscan libros antiguos, historias de periódicos y otros registros públicos. Estos registros pueden brindar pistas sobre el lugar de ubicación final de un barco.

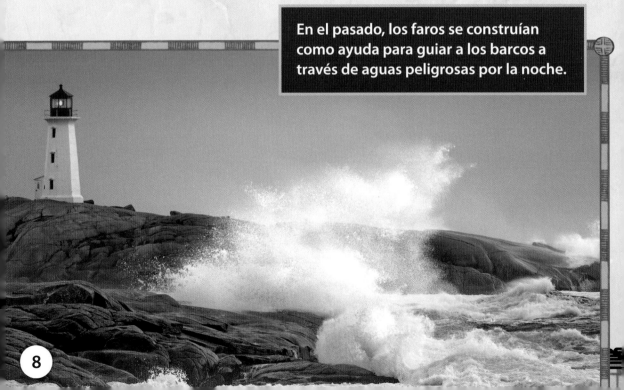

En el pasado, los faros se construían como ayuda para guiar a los barcos a través de aguas peligrosas por la noche.

# La brújula

Los arqueólogos marinos usan una herramienta llamada brújula para encontrar la dirección. Una brújula muestra al menos 4 direcciones principales: norte, sur, este y oeste. Cada dirección tiene una ubicación que se mide en **grados** (°). El norte está a 0° (360°), el este está a 90°, el sur está a 180° y el oeste está a 270°.

# Cartas náuticas

Los mapas se usan para mostrar una ubicación. La gente usa mapas del océano para ubicar barcos naufragados. Esos mapas se llaman cartas náuticas.

Hoy en día, existen mapas muy precisos de muchos de los océanos de la Tierra. Se han creado con tecnología especial. Pero los océanos son tan extensos y profundos que hay algunas partes de ellos que aún no se han explorado ni incluido en mapas.

Una antigua carta náutica del norte de Europa

EXPLOREMOS LAS MATEMÁTICAS

Usa el plano de coordenadas para escribir las coordenadas de estas islas:

**a.** Sirio

**b.** Carlota

**c.** Martín Pescador

**d.** Escorpión

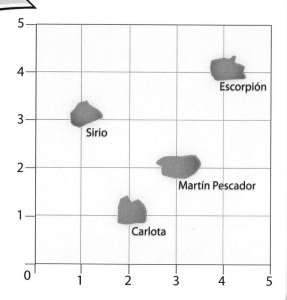

Los arqueólogos marinos usan cartas náuticas para registrar la ubicación de los buques naufragados. Estas cartas tienen una cuadrícula de líneas de **latitud** y **longitud** para mostrar la ubicación. Las coordenadas de la cuadrícula muestran la ubicación de cualquier lugar de la superficie del océano.

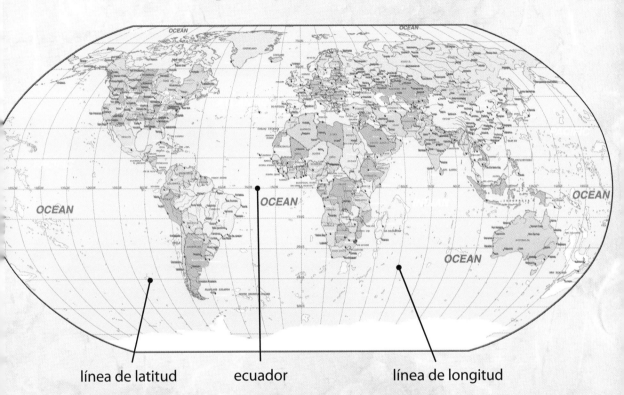

línea de latitud     ecuador     línea de longitud

## Latitud y longitud

Las líneas de latitud son **paralelas** al **ecuador**. Muestran qué tan al norte o al sur se encuentra un lugar. Las líneas de longitud se extienden desde el polo norte hasta el polo sur. Muestran qué tan al este o al oeste se encuentra un lugar. Estas coordenadas se miden en grados. Para escribirlas, se usan los símbolos °N, °S, °E y °O; por ejemplo, 45°O.

Las cartas náuticas usan una **escala** para mostrar la distancia. Los arqueólogos marinos pueden usar la escala para calcular qué tan lejos deben viajar para encontrar un buque naufragado. La distancia se mide en millas **náuticas**.

Una milla náutica es distinta de una milla que se mide en la tierra. Una milla náutica equivale a 1.15 millas (1.85 km) en tierra.

Un marinero usa una carta náutica.

# Tecnología marina

Los arqueólogos marinos usan muchas herramientas diferentes para localizar un buque naufragado. Una de estas herramientas es un detector de metales llamado magnetómetro. El magnetómetro se hace descender desde un bote y se remolca por el suelo oceánico. Puede localizar objetos de metal, como cañones y maquinaria.

Los buzos usan magnetómetros portátiles para explorar un barco naufragado.

# GPS

Los arqueólogos marinos necesitan registrar la ubicación de los objetos que encuentran. Pueden usar tecnología GPS para hacerlo. GPS significa Sistema de posicionamiento global (Global Positioning System). Este sistema se usa para registrar coordenadas de latitud y longitud. Los arqueólogos marinos pueden usar estas coordenadas para registrar el lugar de un naufragio.

Después de usar la tecnología GPS para registrar sus ubicaciones, los arqueólogos marinos pueden usar computadoras para estudiar objetos que se encuentran en un naufragio.

La tecnología GPS usa información de **satélites** para encontrar la ubicación exacta de cualquier lugar sobre la Tierra. La exploración de un naufragio puede tomar mucho tiempo. Si el arqueólogo marino conoce su ubicación exacta, puede regresar al lugar una y otra vez.

**Un satélite GPS en el espacio**

## EXPLOREMOS LAS MATEMÁTICAS

Usa el plano de coordenadas para encontrar las coordenadas de los siguientes lugares:

**a.** *Windy Bess*

**b.** Isla Soleada

**c.** Isla Rocosa

¿Qué encontrarás en estas coordenadas?

**d.** (4, 1)

**e.** (1, 3)

**f.** (2, 4)

**g.** Usa la escala para averiguar qué tan lejos está la Isla Rocosa del naufragio de *La Luna*. *Pista*: No puedes moverte en diagonal.

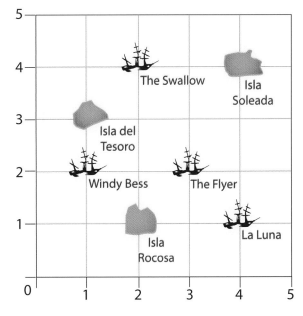

**Escala:**
⊢————⊣ = 50 kilómetros

Discovery to Deployment

Se hace descender un sónar al agua desde un barco de investigación marina.

# Sónar

Los arqueólogos marinos usan una herramienta llamada sónar de barrido lateral. El **sónar** es remolcado por un barco. Envía ondas sonoras a cientos de millas a lo largo del suelo oceánico. Las ondas sonoras rebotan en los objetos submarinos y envían señales de regreso al barco. Estas señales pueden usarse para localizar el lugar de un naufragio.

# Los ROV

Los arqueólogos marinos usan los ROV para encontrar y explorar naufragios. ROV significa vehículo de operación remota (Remotely Operated Vehicle). Un ROV es un **sumergible** pequeño conectado a un barco mediante un cable largo. La tripulación del barco usa un control remoto para dirigir el ROV. Las instrucciones y la energía se envían mediante el cable. Las imágenes y los datos se envían de regreso mediante el mismo cable.

Un ROV explora el suelo oceánico.

Los arqueólogos marinos usan los ROV para explorar un buque naufragado si está en un lugar demasiado profundo para que los buzos puedan llegar. Se usan computadoras para rastrear estos vehículos. Recolectan información sobre la latitud, la longitud y la profundidad. Estos datos brindan las coordenadas de la ubicación del naufragio. Se usan para producir mapas en 3D de los lugares de naufragio.

Este ROV es bajado hacia el océano.

## EXPLOREMOS LAS MATEMÁTICAS

Dibuja este plano de coordenadas y agrega lo siguiente:

**a.** un buque naufragado ubicado en (5°E, 20°N).

**b.** una isla ubicada en (15°E, 10°N).

**c.** un faro ubicado en (10°E, 5°N).

**d.** un buque naufragado ubicado en (20°E, 15°N).

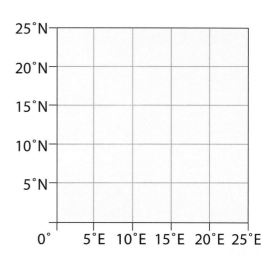

# Buceo

Los buceadores pueden explorar el lugar del naufragio si no se encuentra demasiado profundo. Usan un equipo de **buceo** para poder respirar debajo del agua. Usan cámaras submarinas para tomar fotografías del buque naufragado.

Un buzo ingresa a un buque naufragado.

# El naufragio más famoso

El *Titanic* es el buque naufragado más famoso del mundo. Este barco partió desde Inglaterra hacia los Estados Unidos en su **viaje inaugural** en 1912. El barco era tan grande y sólido que las personas decían que era incapaz de hundirse. Pero el *Titanic* chocó contra un iceberg cerca de la costa de Terranova, Canadá. Se hundió en el fondo del océano Atlántico. Más de 1,500 personas perdieron la vida.

## Superbarco

La construcción del *Titanic* duró 2 años. Tenía 11 pisos de altura, y medía 882 pies (269 m) de largo y 92 pies (28 m) de ancho. Fue el barco más grande de su tiempo.

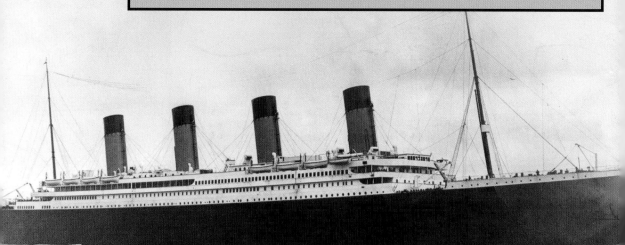

## Una tumba marina

El *Titanic* yace a 12,600 pies (3,840 m) por debajo de la superficie del océano. Se partió en 2 partes enormes. Se encontraron a alrededor de 600 pies (183 m) de distancia una de otra.

Los arqueólogos marinos estuvieron buscando este naufragio desde el hundimiento del *Titanic*. Pero su lugar de descanso final siguió siendo un misterio hasta 1985.

Un equipo liderado por el Dr. Ballard localizó el buque naufragado tras 12 años de investigación y exploración. Los restos del *Titanic* yacen en las coordenadas 41°N (latitud) y 49°O (longitud).

Un ROV llamado *Argo* se usó para encontrar los restos del *Titanic*. *Argo* tenía el aspecto de un trineo submarino. Se lo hizo descender desde un barco entre 50 y 100 pies (15 y 30 m) sobre el naufragio. Usó sónar y cámaras para filmar el suelo oceánico desde un amplio ángulo.

El ROV *Argo* es bajado al océano en busca del *Titanic*.

# Un misterio en los Grandes Lagos

Hace más de 100 años, los Grandes Lagos entre Canadá y Estados Unidos se usaban como vías de paso. Muchos barcos viajaban por ellos. Transportaban personas y mercancías entre el Medio Oeste y partes de Canadá. Pero los Grandes Lagos son profundos y fríos. Y los patrones climáticos generan fuertes vientos que soplan a través de ellos. Los arqueólogos marinos consideran que puede haber hasta 10,000 buques naufragados en el fondo de los lagos. ¡Solamente se han encontrado alrededor de 1,000 de ellos!

Un mapa del área de los Grandes Lagos

En 1975, un barco llamado *Edmund Fitzgerald* se hundió durante una terrible tormenta en el lago Superior. Los 29 hombres que iban a bordo perdieron la vida. El barco era muy grande y sólido. Pero se hundió sin siquiera enviar una **señal de peligro**.

## ¿Qué ocurrió?

La desaparición del *Edmund Fitzgerald* sigue siendo un misterio. Los arqueólogos marinos creen que el barco **encalló**. Cuando el agua ingresó por el fondo, el barco se hundió rápidamente. La tripulación no pudo reportar su posición.

El naufragio del *Edmund Fitzgerald* se localizó con la ayuda de un magnetómetro y un sónar. Se encontró en las coordenadas 46°N y 85°O. Se usó un sumergible para explorar el lugar. Éste mostró el buque naufragado dividido en 2 partes grandes, a 170 pies (52 m) de distancia una de otra.

## EXPLOREMOS LAS MATEMÁTICAS

Este plano de coordenadas muestra el recorrido que hizo el barco comercial *Zephyr* a través del océano Atlántico. Se hundió durante una gran tormenta. Escribe las coordenadas de longitud y latitud para lo siguiente:

**a.** marca 1

**b.** marca 2

**c.** marca 3

**d.** la ubicación del buque naufragado

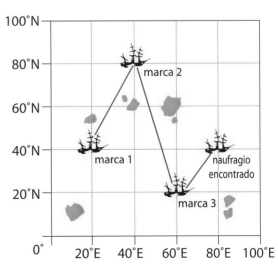

# ¿Más misterios?

Los arqueólogos marinos usan una amplia variedad de habilidades de trazado de mapas y tecnología. Esto los ayuda a localizar las coordenadas de los lugares de naufragio. Pero aún hay muchos naufragios que siguen sin descubrirse.

Probablemente, el más famoso de ellos sea el *Endurance*. Este barco quedó atrapado en el hielo en un viaje hacia la Antártida. Fue **abandonado** por el explorador Ernest Shackleton y su tripulación.

El *Endurance*

Las aguas congeladas de la Antártida

Shackleton y los 5 integrantes de la tripulación navegaron 800 millas (1,287 km) en un bote salvavidas en busca de ayuda. Sobrevivieron a las frías y peligrosas condiciones, pero el barco se perdió. En la actualidad, la ubicación del *Endurance* sigue siendo un misterio.

Al Dr. Ballard, el arqueólogo marino más famoso del mundo, le encantaría resolver este misterio. El buque naufragado aún está allí, en alguna parte.

## Costa de Naufragios

Se te ha entregado un mapa con un plano de coordenadas. Éste muestra la ubicación de buques naufragados en un área pequeña pero peligrosa del océano. También muestra la ubicación del tesoro hundido.

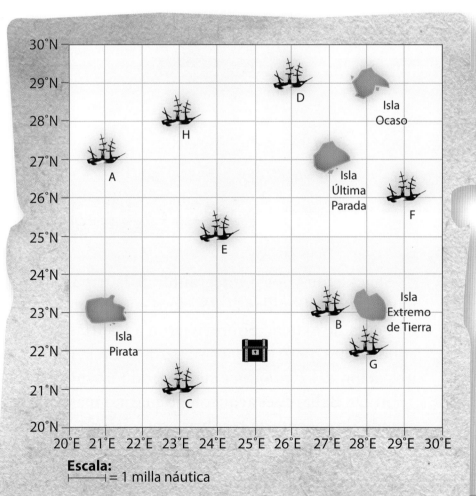

Escala:
⊢————⊣ = 1 milla náutica

# ¡Resuélvelo!

Usa el mapa con el plano de coordenadas para responder estas preguntas.

**a.** Escribe las coordenadas correspondientes a cada buque naufragado.

**b.** ¿Qué isla se encuentra en las coordenadas (27°E, 27°N)?

**c.** ¿En qué isla estarías si estuvieras en (28°E, 23°N)?

Ahora usa la escala y la carta náutica para responder estas preguntas. *Pista*: Puedes moverte a lo largo, o hacia arriba y abajo, pero no en diagonal.

**d.** Aproximadamente, ¿a cuántas millas náuticas de la Isla Última Parada se encontraba el buque naufragado F antes de hundirse?

**e.** Aproximadamente, ¿a cuántas millas náuticas se encuentra la Isla Ocaso del buque naufragado D?

Los registros nos indican que los barcos estaban en busca del tesoro hundido.

**f.** ¿Qué barcos estaban más cerca del tesoro cuando naufragaron? Indica las distancias.

**g.** ¿Qué barco estaba más lejos del tesoro cuando naufragó? ¿Qué tan lejos estaba?

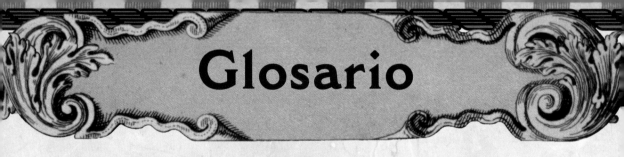

# Glosario

**abandonado**: dejado

**arqueólogos marinos**: personas que estudian los restos de objetos del pasado que se encuentran en el mar

**buceo**: equipo de respiración portátil

**coordenadas**: puntos numerados en un plano de coordenadas

**ecuador**: una línea imaginaria alrededor del centro de la Tierra

**encalló**: navegó en un área poco profunda y se atascó

**escala**: un enunciado matemático que muestra la distancia usando una proporción entre 2 conjuntos de medidas

**grados**: unidades de medida

**desintegrarse**: romperse

**intersección**: el punto en el que se cruzan 2 líneas

**latitud**: la distancia de una ubicación al norte o al sur

**longitud**: la distancia de una ubicación al este o al oeste

**náuticas**: relacionadas con la navegación y los barcos

**paralelas**: en la misma dirección; nunca se cruzarán

**plano de coordenadas**: un plano con 2 ejes, $x$ e $y$, usado para graficar coordenadas

**preservarlos**: mantenerlos en buenas condiciones

**satélites**: objetos que los científicos envían al espacio para que orbiten alrededor de otros cuerpos y envíen señales de regreso a la Tierra

**señal de peligro**: un mensaje que indica que un barco está en problemas

**sónar**: un objeto que envía ondas sonoras y recibe señales

**sumergible**: un vehículo que viaja por debajo del agua

**viaje inaugural**: primer viaje de un barco o bote

# Índice

## Exploremos las matemáticas

**Página 6:**

**a.** *Albatross*

**b.** *Puffin*

**c.** *Seagull*

**d.** *Seabird*

**e.** *Seabird II*

**Página 10:**

**a.** (1, 3)

**b.** (2, 1)

**c.** (3, 2)

**d.** (4, 4)

**Página 15:**

**a.** (1, 2)

**b.** (4, 4)

**c.** (2, 1)

**d.** *La Luna*

**e.** Isla del Tesoro

**f.** *The Swallow*

**g.** alrededor de 100 kilómetros

**Página 18:**

Los símbolos variarán, pero el diseño debería tener el formato que se indica a continuación.

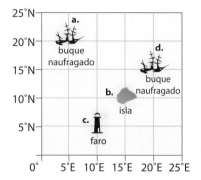

**Página 25:**

**a.** (20°E, 40°N)

**b.** (40°E, 80°N)

**c.** (60°E, 20°N)

**d.** (80°E, 40°N)

## Actividad de resolución de problemas

**a.** buque naufragado A: (21°E, 27°N); buque naufragado B: (27°E, 23°N); buque naufragado C: (23°E, 21°N); buque naufragado D: (26°E, 29°N); buque naufragado E: (24°E, 25°N); buque naufragado F: (29°E, 26°N); buque naufragado G: (28°E, 22°N); buque naufragado H: (23°E, 28°N)

**b.** Isla Última Parada

**c.** Isla Extremo de Tierra

**d.** alrededor de 3 millas náuticas

**e.** alrededor de 2 millas náuticas

**f.** Los barcos G, C y B estaban más cerca del tesoro. Todos estaban a alrededor de 3 millas náuticas del tesoro.

**g.** El barco A estaba más lejos del tesoro. Estaba a alrededor de 9 millas náuticas de distancia.